AF252472

27
Ln
2.4791

DISCOURS

PRONONCÉ PAR

S. EXC. M. BAROCHE

GARDE DES SCEAUX

MINISTRE DE LA JUSTICE ET DES CULTES

AUX OBSÈQUES DE S. EXC. M. TROPLONG

le 6 mars 1869.

PARIS

TYPOGRAPHIE DE HENRI PLON

IMPRIMEUR DE L'EMPEREUR

8, RUE GARANCIÈRE, 8

—

1869

DISCOURS

PRONONCÉ PAR

S. EXC. M. BAROCHE

GARDE DES SCEAUX

MINISTRE DE LA JUSTICE ET DES CULTES

AUX OBSÈQUES DE S. EXC. M. TROPLONG

le 6 mars 1869.

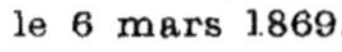

MESSIEURS,

Vingt années se sont écoulées depuis le jour où l'homme illustre dont nous pleurons la mort prenait place comme premier président à la tête de la cour de Paris.

Procureur général près cette cour, j'eus alors l'honorable et douce mission de présenter le nouveau président à ses futurs collègues, en lui souhaitant, pour ainsi dire, la bienvenue, et de rappeler les titres éminents qui l'avaient désigné au choix du Gouvernement.

Par un de ces hasards que la marche des choses humaines amène quelquefois, aujourd'hui c'est encore à moi qu'une autre et bien douloureuse mission est imposée! Dans ce triste jour de la séparation, je viens, au nom du Gouvernement, dire un dernier adieu à celui dont jadis je saluais avec bonheur l'arrivée, à celui que tant de mérites divers, que tant de services rendus recommandent à la reconnaissance publique, à l'ancien premier président de la cour de Paris, au premier président de la cour de cassation, au président du Sénat, au publiciste, à l'homme d'État si noblement associé à la fondation et au développement du second Empire!

Pour cette nouvelle tâche, je sens toute mon insuffisance; ma profonde affection, ma haute estime pour notre regretté collègue, le souvenir d'un dévouement commun à la cause que nous avons ensemble servie pendant tant d'années, soutiendront seuls mes forces, et d'ailleurs, si mes paroles ne peuvent s'élever à la hauteur de

mon sujet, chacun de vous trouvera dans
sa mémoire et dans son cœur le complé-
ment de ce que je n'aurais qu'imparfaite-
ment exprimé.

M. Troplong était né à Saint-Gaudens
(Haute-Garonne) le 8 octobre 1795. —
Voué de bonne heure à l'étude du droit,
il débuta à vingt-quatre ans dans la magistrature par les fonctions de substitut à Sar-
tène (Corse), le 4 mars 1819. Après avoir
parcouru rapidement différents postes, il
était nommé, le 15 octobre 1823, avocat
général à la cour de Bastia.

Son séjour en Corse fut favorable au progrès de ses connaissances juridiques. Cher-
chant à occuper les loisirs que lui laissaient
ses fonctions, il avait trouvé chez un vieux
magistrat de la cour une riche bibliothèque
renfermant tous les anciens commentaires
des lois romaines et les savants ouvrages
de nos légistes français, et il se livrait avec
passion à l'étude de ces trésors d'érudition ; aussi, lorsque, devenu bientôt avocat
général à la cour de Nancy, il eut à porter

la parole sur une question domaniale des plus graves, la question de la souveraineté des ducs de Lorraine sur le Barrois-Mouvant, le jeune avocat général étonna la cour elle-même par sa vaste science sur ces matières spéciales. Son réquisitoire, nourri par la connaissance profonde des principes de notre vieux droit public, aussi bien que de toutes les aridités du droit féodal, est demeuré célèbre par le double mérite du jurisconsulte et de l'historien.

Président de chambre à Nancy, il y reste jusqu'en 1835 et ne quitte ce poste que pour venir occuper un siége à la cour de cassation. — Cet avancement rapide, cette nomination alors sans précédents, étaient dus au grand et légitime succès de ses premières publications sur le code Napoléon, qui étaient destinées à continuer l'œuvre inachevée de Toullier.

Cet immense travail, qui commence au titre des donations, mais dont il publia d'abord la partie relative aux priviléges et hypothèques, embrassa successivement toute la dernière moitié du Code Napoléon. Dès le premier jour, le succès fut considérable et éclata comme un événement parmi les magistrats et les jurisconsultes. — M. Troplong y développe une érudition étendue et variée, de vastes connaissances en histoire et en littérature, les idées élevées d'une philosophie spiritualiste, et la richesse d'un style élégant et animé, qu'on n'est pas habitué à rencontrer dans les ouvrages de droit.

Tous ses commentaires sont précédés de savantes introductions, qui sont restées dans la mémoire des amis de la science du droit et des études historiques. Ses préfaces sur les donations, sur les hypothèques, celle surtout sur les sociétés civiles et commerciales, sont de véritables traités où l'histoire et la philosophie du droit, l'observation exacte du progrès des institutions des peuples et de leur civilisation se réunissent pour éclairer les principes généraux dont l'application spéciale à un titre de la loi va faire l'objet du commentaire.

Ces remarquables publications, qui n'absorbaient pas toute l'activité d'esprit de M. Troplong, ne le détournaient pas des autres travaux du philosophe et du publiciste.

Nommé en 1840 membre de l'Académie des sciences morales et politiques, à la place de M. Daunou, il lut dans cette assemblée plusieurs mémoires importants : l'un notamment où il faisait ressortir l'esprit démocratique du Code civil, l'autre où il appréciait l'influence du christianisme sur le droit romain, et d'autres travaux dont un habile orateur vous dira tout à l'heure, au nom de l'Académie elle-même, les mérites divers.

Les lettres, les beaux-arts, qu'il a aimés et cultivés toute sa vie, la musique surtout, dont il avait et le goût et la science, apportaient d'agréables et nobles délassements à ses graves travaux, à ses puissantes méditations. On aime à se rappeler que le

savant jurisconsulte, que le studieux magistrat a publié dans une de nos revues
une dissertation intéressante et pleine de
goût sur un de nos chefs-d'œuvre lyriques,
l'*Armide* de Gluck.

Jusque-là, et sauf ces distractions dignes
de son esprit élevé, M. Troplong s'était
renfermé dans les études et dans les fonctions de la magistrature; mais sa renommée
grandissait et il ne pouvait plus longtemps
décliner les honneurs de la vie politique,
à laquelle il devait plus tard, et sous un
autre régime, prendre une part si large et
si utile à son pays. Le 4 juillet 1846, il
était nommé pair de France.

Les événements de 1848 ne tardèrent
pas à lui imposer d'autres devoirs. Le dé-
bordement des idées communistes ne pouvait laisser indifférent cet énergique dé-
fenseur du droit et de la justice.

Aussi ne sut-il pas garder le silence et
publia-t-il un mémoire sur la propriété,
qui, selon son langage si vrai, « tient aujourd'hui, avec la famille, la société amar-

rée sur la surface mobile de la démocratie. La propriété, ajoutait-il, ne peut être que ce qu'elle est aujourd'hui. Elle ne serait vaincue un jour par la force brutale que pour renaître de ses ruines dans les conditions actuelles que Dieu a mises dans la nature de toute éternité. »

Sages paroles, toujours vraies, et qui semblent une réponse anticipée à ces folles théories qui tentent vainement aujourd'hui de sortir de l'oubli dans lequel 1852 semblait les avoir ensevelies !

La grande et patriotique manifestation du 10 décembre 1848 compta parmi ses partisans les plus résolus M. Troplong, voué toute sa vie aux principes éternels du droit et de la vraie légitimité. Il s'empressa de se rallier au Prince auquel le suffrage universel venait de confier le gouvernement du pays. Une grande magistrature devenait en même temps vacante, la première présidence de la cour de Paris. M. Troplong accepta l'offre qui lui fut faite de remplacer le président Séguier, que

la mort venait de frapper. Un décret du
22 décembre 1848 lui conféra cette haute
fonction. On se rappelle encore avec quel
empressement fut accueilli par la cour le
nouveau président; elle-même ne l'a pas
oublié, et, dans un pieux souvenir, elle a
voulu, comme la cour de cassation, assis-
ter tout entière à ces tristes funérailles.

La Constitution du 14 janvier 1852,
donnée à la France en vertu du plébiscite
du 21 décembre 1851, fut acceptée par
M. Troplong, ainsi qu'il l'a dit lui-même,
« comme un pacte d'alliance offert à la
» nation, empreint des traditions du génie
» français, capable de modérer une démo-
» cratie bouillonnante, et propre enfin à
» satisfaire les amis loyaux de l'autorité
» légale et de la liberté réglée par les
» lois [1]. »

Rapproché par ses hautes fonctions de
l'auguste fondateur du nouveau régime,
indiqué à sa confiance par la considération

[1] Discours pour l'installation de M. Dupin, prononcé
à la Cour de cassation le 28 novembre 1857.

dont il était entouré, admis dans ses conseils intimes aux délibérations les plus graves, M. Troplong s'attacha, avec un dévouement qui n'a jamais failli, à la cause du deuxième Empire, et compta parmi ses plus énergiques et ses plus habiles défenseurs.

Sénateur le 26 janvier 1852, nommé d'abord vice-président du Sénat, il en fut le président le 30 décembre de la même année, et succéda dans ces hautes fonctions, que depuis il n'a plus quittées, à S. A. I. le prince Jérôme. — Le 18 décembre, il venait de remplacer, dans la première présidence de la cour de cassation, M. le comte Portalis, qui, par son haut mérite, avait rendu ce poste si difficile à remplir. La désignation unanime de la magistrature et une sorte de suffrage universel avaient à l'avance appelé M. Troplong à ce poste éminent.

Depuis cette époque, il partagea sa vie entre les hautes fonctions de la magistrature et la présidence du Sénat.

Est-il besoin de dire qu'il apportait dans les délibérations de la cour suprême la science du jurisconsulte, l'expérience et la prudence du magistrat consommé?

Quant au Sénat, sa confiance dans son président n'avait pas de bornes. Dans toutes les questions constitutionnelles, il était chargé des fonctions de rapporteur. Le Sénat a conservé surtout le souvenir de son rapport du 6 novembre 1852, sur le projet de sénatus-consulte tendant au rétablissement de l'Empire, et de celui du 21 décembre suivant, sur le sénatus-consulte modifiant et interprétant la Constitution du 14 janvier 1852.

C'est dans le premier de ces deux remarquables documents que le rapporteur disait, comparant l'Empire aux autres formes de gouvernement qui l'avaient précédé : « La monarchie impériale a tous les avantages de la république, sans en avoir les dangers. Les autres régimes monarchiques (dont nous ne voulons pas cependant affaiblir les services illustres) ont été accusés d'avoir placé le trône trop loin du peuple, et la République, vantant son origine populaire, s'est habilement retranchée contre eux dans les masses qui se croyaient oubliées et méconnues. Mais l'Empire, plus fort que la République sur le terrain démocratique, lui enlève cette objection. Il a été le gouvernement le plus énergiquement soutenu et le plus regretté par le peuple; c'est le peuple surtout qui l'a retrouvé dans sa mémoire pour l'opposer aux rêves des idéologues et aux expériences des perturbateurs. Il est le seul gouvernement qui puisse se glorifier du droit reconnu par l'ancienne monarchie que c'est à la nation française qu'il appartient de choisir un roi. »

Dans l'exercice de la présidence, quelle modération, quel respect pour l'indépendance de chacun il a sans cesse apportés! Quelle fermeté pour maintenir la règle, pour faire respecter les principes, pour sauvegarder les droits de l'assemblée! Avec quelle habileté, quel esprit, quelle courtoisie, quelle sensibilité vraie, il rappelait au Sénat, à l'ouverture de chaque session, les pertes qu'il avait faites! Ses allocutions sont des chefs-d'œuvre de finesse comme de style, et, par une fatale coïncidence, c'est en prononçant la dernière, à la séance du 5 février, qu'il sentit la première atteinte du mal qui devait si tôt l'enlever.

D'éminentes distinctions viennent récompenser ses services et consacrer sa haute position : après l'avoir nommé grand-croix de la Légion d'honneur en 1854, l'Empereur l'appelle en 1858 dans son Conseil privé, dès la création de ce Conseil. Le Sénat applaudit à ces justes faveurs, et l'opinion publique les ratifie.

Tel est le magistrat, tel est l'homme politique dont la carrière fut si belle et si bien remplie, qu'il semblait, malgré la marche du temps, que le terme en dût être encore éloigné. La noblesse et la dignité de sa vie privée, la bonté de son cœur, le charme et la sûreté de ses relations, son accueil toujours courtois et bienveillant, le faisaient chérir et estimer, autant que ses vertus publiques le faisaient admirer.

Uni, depuis plus de quarante ans, à une digne et vertueuse compagne qui ressentait pour lui une affection égale à celle qu'il lui portait, cette longue communauté d'existence avait, pour ainsi dire, confondu ces deux natures si sympathiques, ces deux cœurs si dévoués. Une seule douleur, mais affreuse, inconsolable, et qui pesa sur eux pendant toute la vie, avait troublé cette union si intime : la mort d'une fille unique, objet de leur plus tendre affection, et auprès de laquelle ils ont voulu aller chercher l'éternel repos !

Puisse cette noble épouse qui survit aujourd'hui à l'homme qu'elle a tant aimé, à celui qu'elle a pieusement secouru dans ses souffrances, trouver dans le dévouement de sa famille et de ses amis, et surtout dans l'élévation de ses sentiments de piété et de charité, le seul adoucissement, je n'ose dire la seule consolation, qui soit digne d'un cœur tel que le sien.

Si nos paroles émues peuvent arriver jusqu'à elle ; si on lui dit cette tristesse générale, cette émotion publique, ces témoignages de la reconnaissance du Souverain et du pays qui accompagnent notre illustre président jusqu'à sa dernière demeure, puisse-t-elle encore éprouver ce sentiment de pieux orgueil qu'elle a tant de fois ressenti aux succès de son noble époux.

Et nous, Messieurs, collègues et amis de notre éminent président, n'oublions pas les exemples qu'il nous a donnés ! La mort d'un homme de bien est un grand enseignement pour ses concitoyens.

N'oublions pas, pour l'imiter autant que nos forces le permettront, sa vie toute dévouée à la science, au culte de toutes les vertus, au bien du pays, au service de l'Empereur.

N'oublions pas sa mort, cette mort digne d'une si belle vie, cette mort du philosophe et du chrétien, qui voit sans pâlir arriver le dernier et inévitable moment ; qui, dégagé de toutes les pensées de ce monde, demande à la religion les consolations suprêmes et y retrempe son âme, son âme confiante en elle-même, sûre de son immortalité, qui se réfugie en Dieu et quitte cette terre en priant pour ceux qu'elle a aimés !

PARIS. — TYPOGRAPHIE DE HENRI PLON, IMPRIMEUR DE L'EMPEREUR, RUE GARANCIÈRE, 8.

www.ingramcontent.com/pod-product-compliance
Lightning Source LLC
LaVergne TN
LVHW051130060726
842526LV00006B/1981